情面

漫画实践版

接物的规矩・人情世故的里子

有温度的高情商表达

牛克锦——著

哈爾濱工業大學出版社
HARBIN INSTITUTE OF TECHNOLOGY PRESS

图书在版编目 (CIP) 数据

情面：有温度的高情商表达 / 牛克锦著 . — 哈尔滨：哈尔滨工业大学出版社，2025. 2.（2025. 7 重印）— ISBN 978-7-5767-1946-8

I. H0-49

中国国家版本馆 CIP 数据核字第 2025EU0687 号

艳|文|工|作|室

情面：有温度的高情商表达

QINGMIAN : YOUWENDU DE GAOQINGSHANG BIAODA

策划编辑　李艳文　范业婷
责任编辑　佟　馨
封面设计　天下书装
出版发行　哈尔滨工业大学出版社
社　　址　哈尔滨市南岗区复华四道街 10 号　邮编 150006
传　　真　0451-86414749
网　　址　http://hitpress.hit.edu.cn
印　　刷　三河市天润建兴印务有限公司
开　　本　710 毫米 ×1 000 毫米　1/16　印张 11　字数 112 千字
版　　次　2025 年 2 月第 1 版　2025 年 7 月第 3 次印刷
书　　号　ISBN 978-7-5767-1946-8
定　　价　52.00 元

前言

如果有一种技能，能让你逢人聊得来、办事皆顺利，甚至躲过生活中的明枪暗箭，那一定是，会说话。遗憾的是，大多数人都低估了语言的威力，却高估了自己的水平。于是，我们便在生活中见到了一场场语言的“车祸现场”：

——被请求帮忙时，直接来一句“我不行”，场面立刻变成“我尴尬，你生气”。

——家庭聚会上，长辈刚问你工资多少，你脱口而出：“比不上您退休金高！”结果，你妈妈怒气腾腾的眼神瞬间锁定了你。

——饭局中被敬酒，你说“随意随意”，最后一杯接一杯，醉得不省人事。

生活中，无数尴尬、冲突，甚至关系的破裂，往往不是因为“不会做人”，而是因为“不会说话”。很多时候，你不是输在智商上，而是败在嘴上。嘴笨的人，总爱用“我性子直”“我真诚”当借口，殊不知，在社交场上，“真诚”不等于“直白”，而“直白”更不等于“莽撞”。

语言是一门技术活，它的意义不只在于自我表达，更在于人与人之间情感的沟通。会说话的人，能够用三言两语打开一扇门，也懂得用幽默和分寸化解一个个冲突与危机。不会说话的人，则可能轻易就把一段关系推向深渊。更糟糕的是，这个时代对“会说话”的要求越来越高。说得对，不是锦上添花，而是避免被淘汰；说得好，不是为了出人头地，而是为了不被误解、轻视和边缘化。

那么问题来了：如何才能把话说到点子上？如何用温暖又精准的语言，在人际关系中做到游刃有余？如何在不得罪人的同时，又不流于讨好和失去自我？

在本书中，这些问题你都能找到答案。本书不是要教你如何变成社交高手，而是希望能让你掌握一种能力——通过语言传递尊重、温度和边界感。你会学到：面对请求，如何不冷场又不妥协；面对误解，如何不争不辩却能澄清事实；面对拒绝，如何不失态却能挽回情面；面对尴尬，如何用幽默化解无形的敌意……

这本书不会给你灌输鸡汤式的“正能量”，也不会一味夸大“情商万能”。它只是用一个个接地气的场景，帮你找到那些“话到嘴边，如何说对”的技巧，避免那些让人“出丑”的瞬间。

记住，话语就是你的第二张脸，是你在社交中的护城河。说得好，你可以四两拨千斤；说得孬，就可能两败俱伤。现在，翻开这本书，开始一场有趣、有料的高情商修炼之旅吧！你会发现，原来“好好说话”并没有那么难，语言的表达也可以有理、有据、有温度。

目录

第三章 和合力：职场拓荒，拼的就是高情商

第四章 贯通力：价值社交，拿捏分寸很重要

第五章 化解力：谈笑风生中，将不友好消于无形

第六章 应对力：让拒绝有段位，不得罪人也别吃亏

第七章 怡情力：提升沟通质量的“小心机”

第一章

洞察力：表达，应该符合人性逻辑

正向表达：把“对不起”换成“谢谢”

当我们感到有所亏欠或犯错时，总会习惯性地对别人说“对不起”。但有时候，在社交场合中，“对不起”其实会给人一种负面的印象，尤其是当我们说出这个词时，往往带有某种“补偿”的意味，这就可能会给他人造成不必要的负担。

这时候，如果我们稍加调整，用“谢谢”来替代“对不起”，那么不仅能够提升沟通质量，还能让人际关系更加积极、和谐，避免单纯道歉带来的尴尬。

比如在职场中，我们经常会遇到这种情境：

在工作中耽误了同事的时间，或者未能按时完成任务时，许多人会习惯性地说一句“对不起”，以示歉意。然而，这种道歉不仅不能真正解决问题，有时候还会让对方产生疑问——“你为什么道歉？难道想道德绑架我，让我不计较吗？”

如果换成“谢谢”呢？

当你没能及时完成任务时，代替“对不起”的说法可以是：“感谢你理解我需要时间来完善这项工作，下次我会提前告知进度。”这种表述不仅避免了单纯的自责，还展现了对对方的理解和支持的感激之情，让交流变得更加正向和积极。

在家庭中，“对不起”往往是情感表达的常用词。然而，频繁的道歉容易让人产生“内疚感”，而这种情绪并不利于双方关系的发展。比如，你可能因为工作忙碌忽略了和伴侣的沟通，或者没有及时处理家务。如果你总是习惯性地说：“对不起，最近太忙了，没顾及你。”这种道歉虽然出于真心，但无形中也会让对方感受到压力和负担。

不妨换种表达方式：“谢谢你一直支持我，我知道你为了家庭做了很多，我会尽量调整时间，和你一起分担。”

这种表达方式，不仅避免了过多的负面情绪，还让对方感受到你对他的感激和对这段关系的重视。通过说“谢谢”，你传递的是对家人的关爱，而非自责和内疚。

在社交场合中也是如此。当我们认为自己辜负了对方的期待时，往往会习惯性地对别人表示歉意。比如，朋友邀请你参加聚会，而你出于某些原因无法赴约，很多人会下意识地说：“对不起，我不能去。”

这种方式虽然表达了歉意，但总是不可避免地带着一丝沉重和尴尬。如果换成：“谢谢你的邀请，我很感激，虽然今天不能参加，但下次我一定会去。”语气会更为轻松，也不会让对方感到负担或不快。这种说法上的转变，不仅表达了对对方邀请自己的感激，还传达了你对未来的期待，而不仅仅是关注自己未能兑现的承诺。

不急于表态，给回应留空间

在一档综艺节目上，主持人问一名小男孩："将来长大后，你想做什么呀？"

小男孩回答说："我想成为一名飞行员。"

主持人接着问："那如果有一天，你开飞机到高空时，发现燃料不足，所有的引擎都熄火了，你会怎么做呢？"

小男孩想了想，回答说："我会先让乘客们系好安全带，然后自己背着降落伞跳出去……"

听到这里，台下爆发出哄堂大笑，观众们纷纷感叹现在的孩子真是"心眼多"，还有人不客气地指责道，现在的小孩子真是自私自利，缺乏责任感。

小男孩见状手足无措，眼眶里噙着泪水。主持人赶紧接着问道："你为什么要这么做呢？"

小男孩大声地说道："我要去拿燃料呀！只要拿到燃料，飞机就有救了！"

现场顿时鸦雀无声。

在日常沟通中，很多时候，我们都会因为急于表态、急于回应，而在未能完整了解对方的想法前，做出过早的判断，从而造成误解和冲突。

就像故事中的小男孩，观众们只听到他说自己要"背着降落伞跳出去"，就纷纷开始表态，指责他"自私""缺乏责任感"，却忽略了孩子的思路与成年人的不同——他其实有自己的一套救援飞机的方案。误解与冲突就是这样产生的。

聆听能获得更多信息

我们每天都在进行着各种形式的沟通，而在这个过程中，许多人急于发表自己的意见或回应对方，却往往忽略了倾听的艺术。过于急切的回应，不仅可能引发误解，还可能错失深入理解对方意图的机会。

事实上，在更为复杂的沟通中，很多时候我们看到的只是表面，而真正的意图往往隐藏在话语之后。只有在给彼此留有足够的反应时间时，才能更全面地理解对方的真实想法。

耐心等待，给回应留时间

不急于表态，不仅仅是一种待人接物的智慧，更是一种深思熟虑的沟通方式。通过耐心听完对方的想法，给自己留下足够的时间来消化和反思，我们就能做出更精准、更具建设性的回应。每一次对话、每一次回答，都是理解和表达的过程，不是竞速，而是思考和共鸣。通过给回应留出时间，我们可以避免误解，化解冲突，增进彼此的理解和信任。

忠言可以“顺耳”，批评也能“化春风”

很多人都听过这样一句谚语：“良药苦口利于病，忠言逆耳利于行。”

良药的功效是治病，只要能把病治好，“苦口”或“甜口”其实并不重要。就像现代的中成药，苦的成分都悄悄藏在糖衣里，不仅不影响药效，吃下去还不会那么难受。

同样的，若是让忠言也包上“糖衣”，变得“顺耳”一些，那么效果是不是会更好些呢？

毕竟，咱们说“忠言”，也是希望对方能听进去劝，而不是让对方感到生气或难堪。

举个例子：

某销售主管发现手下一名员工有些懒散，业绩不上不下，便决定“开导”一下他。这位主管没有急着批评，而是先对员工进行了一番表扬：

“你的工作能力很强，我挺欣赏你的，你知道你有哪些优点吗？”

这位员工顿时就放下了戒备，心想：“领导真是有眼光！”

主管继续道：“在我看来，你有四大优点：一、学习能力强；二、头脑灵活；三、细心；四、性格开朗。”

员工脸上洋溢着得意的笑容，心想：“原来我这么优秀啊！”

然后，主管话锋一转：“不过，我也发现你有一个缺点——不够勤奋。”

说完这句话，主管的语气并没有转为严厉，而是变得更加温和：“你可以更努力一些，不是为了公司，而是为了你自己，毕竟你完全有能力做得更好。”

此时，员工的心态发生了变化，不是“领导批评我”的消极情绪，而是“领导关注我”的积极反馈。

这样的批评，听着不尖锐，反而能起到润物无声的效果。因为你给了别人足够的尊重，别人也会心甘情愿地接受你的建议。

试想一下，如果主管把员工找来，直接就批评他：“你工作太懒散了，一点儿都不努力，难道你都看不见自己的问题吗？”效果会怎么样？恐怕只会激起员工的逆反心理，甚至更加懒散。

可见，批评并不一定要让人感到难堪，它更像是一剂隐形的良药。如果你能掌握批评的技巧，用柔和的语言、真诚的态度、合适的时机来表达，那就能让批评的效果提升一个档次。

生活不是战场，不必让每一场对话都充满火药味。顺耳的忠言和温和的批评，往往比暴风骤雨的指责更能让对方改变。

用积极的语言铺路，从言辞中构建信任

说话有技巧，人人都知道。细节定成败，说话也不例外。在这个时代，研究如何说话的人比过去多得多，但人们往往习惯比较笼统地看待说话这件事情，学习在什么场合该说什么样的话，学习各种话术和技巧，却往往忽略了说话的细节。

同样的话，一个词的不同，两个字的差别，起到的效果就是天壤之别。

积极的语言能为友谊铺平道路，得当的言辞可以构建彼此的信任。

成语滥用、错用不可取

多使用成语的确能让你显得更有文化底蕴，让沟通更简单顺畅。但是，成语的错误使用有可能会造成相反的效果。

例如，某领导在讲话时，着重表扬了几个在上一季度表现优秀的团队："这个季度，我们超额完成了任务，全凭以下几个团队的优秀表现。首当其冲的就是我们的销售部门，他们不计后果地努力，才有了今日的成绩……另外，要着重批评一下宣传部门，公司给予了他们足够的支持，但成果却差强人意……"

这位领导整个讲话令人啼笑皆非，实在让人弄不清楚他是满意还是不满意，是在夸奖还是在批评。这都是用错了成语造成的。

说话多用中性、褒义词语，少用贬义词语

中文博大精深，形容同一个状况可以使用的词语很多，但其中包含的意思、表达的感觉却是完全不一样的。多用正面的词语，可以让人觉得你心胸宽广、内心阳光。而用多了贬义词，说者无意，听者有心，难免会影响他人对你的看法，产生不必要的误会。

某部门很是团结，每天中午都在一起吃午餐。部门一个小主管从某天开始，突然不跟大家一起吃饭了。每天中午都不见踪影，直到午休快结束时才回来。这样的行为，难免引起大家的议论。

员工 A：“你说张哥每天中午都不跟咱们一起吃饭，搞得那么神秘，难不成是谈恋爱了？中午要跟女朋友一起吃饭？”

员工 B：“的确啊，张哥最近确实有点儿神龙见首不见尾，但我觉得未必是谈恋爱了，说不定最近中午有什么事要办呢，过几天就恢复如常了。”

员工 C：“我也觉得他最近有些鬼鬼祟祟的，偷偷摸摸地干什么，怕咱们知道，不过我也觉得没几天他就恢复正常了。”

这里员工 C 用的词，和其他两位说的意思相近，但给人的感觉却完全不一样。要是真被张哥听见了，难免心里会不痛快。

说话是艺术，艺术就要注重细节。同样的话，不同的说法，带来的感觉就会不一样。不仅是一句话、一个词，甚至一个字的差异都会让人产生不同的感觉。因此，要让语言变得积极，才能更有效地用沟通建立起信任。

沟通有温度，通过谈话传递关怀与尊重

人与人之间的关系是如何建立的？有些人认为，利益才是决定一切的根本。然而，利益并不能决定一切。更何况有些时候，天平两端利益的砝码等重，还需要其他一些东西增添重量，才能让其朝着自己这边倾斜。而语言的温度，正是能够增加重量的砝码。

某企业工会到了换届选举的时候，两位竞争者都很有实力，都是工会会长的合格人选。甲学历更高，乙资历更深，在投票之前，两人要进行一次演讲。

甲的一段演讲是这样的："各位要知道，工会存在的意义就是为了给员工争取更多、更好的权益。很多人认为，员工的利益与企业的利益是矛盾的，其实不然，员工与企业的利益是矛盾的，也是统一的，最终是要融合到一起的。"

接着，甲开始大谈自己成为会长后，如何帮助员工们争取权益，员工们将得到哪些好处，并详细提出了许多实质性建议，自己会如何改善企业与员工的关系。

而乙的一段演讲则是这样的：“其实我也没比各位高明多少，也就是工作的时间长一点，对公司了解得更多点。在这么多年的工作里，我明白了一个道理，那就是公司好了，咱们才能好。咱们好了，才能更好地工作。所以啊，咱们工会的任务不是跟公司对着干。”

接着，乙开始表示自己上台后，会先让公司知道部分员工遇到的困难，并针对不同的情况找到合适的解决方案。

演讲结束后，乙觉得自己胜券在握。但等到结果公布出来，却发现两人的得票数居然是一样的。显然，乙的演讲并没有他自己觉得的那么好。那么，问题出在哪里呢？

甲用冷冰冰的态度阐述自己的观点，用命令的语气与其他人说话，仿佛自己已经是会长了一样。不管是尊重还是温度，都不够。

乙的确足够有温度，但没有给他人足够的尊重。他的确了解到公司里有些员工遇到了困难，但看破不能说破。不说破是尊重，而乙却为了自己能多得选票当众揭其他人的伤疤，显然是不尊重他人。这种不尊重带来的伤害，恐怕还要高过甲。

因此，想要语言有温度，足够尊重他人，在具体问题具体分析的前提下，还要保证两点：

一是不要用命令的语气跟他人说话。多用“请你”“我希望”这样的词，会让你的语言更柔和，更有温度。

二是要注意他人的隐私，你所知道的，不一定是你应该说出去的。人与人之间的关系非常微妙，别人告诉你的事情，不代表就应该人尽皆知。你比别人知道得多，说明你得到了更多的信任。而当个大喇叭，显然就摧毁了这种信任。

第二章

周旋力：不同情境，需要拿出不同本事来

面对请求：如何婉拒而不冷场

拒绝他人是一件很难的事情吗？相信我，难以拒绝他人的人远比你想象的更多。或许是担心会破坏自己与对方的关系，或许是担心会损害自己树立起的某种形象，又或许是担心被人看扁，被人认为没有能力。总而言之，难以将拒绝的话说出口的大有人在。

只要能消除那几种担心，拒绝就没那么艰难了。而高情商的拒绝，恰恰就是解决问题的最佳方案。

冯瑞（化名）是一所重点中学的校长，虽然时常有人托关系、找朋友，请他帮助解决孩子上学的问题，可他却完全没有被矛盾包围的困扰。每当有人来求他的时候，他总是三两句话就把事情摆平了，还不会让对方感到不高兴。

一次，冯瑞的表姐带着她十四岁的儿子找到了他。一见面，冯瑞就大概知道对方会要自己帮忙了。等对方提出要求后，冯瑞很惊讶地说："这孩子平日里学习不是不错吗？这是怎么了？"

表姐赶紧解释："是啊，他平时考试都是班里前三名，偏偏这最关键的考试掉了链子。要是不给他想想办法，我真怕耽误了他这一辈子，你可一定得帮帮我啊。"

冯瑞一听表姐的话，收起了刚刚还挂在脸上的笑容，略带严肃地说："什么叫耽误了他这一辈子？是金子到哪里都会发光。一次没考好，不代表命运就被决定了。吃一堑长一智，下一次关键时刻考好就行了。"

表姐听了他的话正要着急，冯瑞的语气又温和了下来，说："但咱们这关系，我哪能不管呢。唉，今年已经新开了八个班，还是不太够。你把孩子资料给我，我想想办法吧。"

几天后，冯瑞给表姐打电话："表姐，真对不起，这边的名额实在是一个都挤不出来了。你先让孩子上学，我再看看开学之前有没有空出来的名额，有的话我马上通知你。"此事从此不了了之，表姐之后也没有再为难冯瑞。

没有人愿意被拒绝，特别是当自己提出要求后，对方连尝试都不肯就直接拒绝。这不仅是能力的问题，更是诚意和态度的问题。直接拒绝他人，说明你既不给对方面子，又不打算为对方尽一点力。即便是你的拒绝有理有据，对方也难免心生不满。

因此，先表示愿意尝试，会为对方寻找办法。虽然没有当面答应，但在诚意、态度上都满足了对方。到最后，再说明自己也有难处，没有帮忙办好事情，想必对方也是能够理解的。这样，就完成了不冷场、不驳人面子、不损害关系的婉拒。

面对误解：不争不辩，用事实解开误会

沟通并不总是有效，不仅是在工作中，在生活中也是如此。亲子之间，情侣之间，很多人是因为在沟通中出现了误会，导致感情出现裂痕，矛盾闹得越来越大，甚至彻底破裂。

在这个过程中，每个人都认为自己是对的，因此才会据理力争，让事情变得不可收拾。那么，要如何避免误会的出现，或者误会出现后如何高情商地将其化解呢？

别争辩，争辩起来问题就变了

有效的沟通，应该是出现问题后，寻找解决问题的办法，达成一个双方都能接受的方案。说明白些，就是最后的结果要落在事实上。那么，无效的沟通是怎样的呢？

陈浩（化名）今天下班早，他先去超市买了些菜，又去取了快递。他回到家后见妻子还要一会儿才回来，就拖了地板。然后打开电视，躺在沙发上休息。

妻子回来后看见陈浩躺在沙发上，就念叨着："你说说你，一天天手指头都不知道动动，就躺在那儿看电视。"

陈浩不甘示弱，说："菜是你买的？快递是你拿的？你买的那衣帽架有三十多斤，不是我抬回来的？地板是你拖的？"

妻子一听，把包往沙发上一摔，用更大的声音说："怎么着？你就干了那点儿事还有理了？饭是谁给你做的？衣服是谁给你洗的？"

陈浩也起了调门："做饭还累着你了？你要愿意你洗碗，我做饭……"

结果当天夫妻俩大吵一架，比陈浩什么都没干的时候吵得还厉害。

争辩，会让一切都变得不同。你一句，我一句，谁都不服气，最终的结果会落到哪里？会落到情绪上。我说你一句，你明明错了还敢还嘴？那我今天必须争赢你。这个时候，事实究竟是怎样的，该如何解决问题，已经没人在乎了。

面对他人的误解，要“理直气和”

当对方误解你的时候，只要让对方看到事实，对方就知道是自己先入为主了。再辅以温和的态度，给对方一个台阶下。此时，虽然对方表面上可能还很强硬，但内心却已经软化下去了。

如果陈浩面对妻子的误解能这么说，情况绝对是不一样的：“平时我下班晚，工作忙，辛苦你了。我今天回来得早一点，就拿了快递，拖了地板，还买了一条你最喜欢的青花鱼。以后我要是能早点下班，就多做点家务好不好？”

既然是误会，就说明事实并非如此。所以，要在情绪指挥语言、行动之前，用事实说话。事实摆明了，也别得理不饶人。人的情绪是缓缓转换的，给对方一点时间。

面对批评：不卑不亢，用感谢消解对立

批评是当我们做错了事情，他人出于帮助我们改正的目的，使用相对严厉的语气指出我们的错误的一种方法。虽然并不是所有人的批评目的都是好的，我们都能心甘情愿接受的，但学会高情商地应对批评总是有意义的。毕竟有些时候，扭转对方的看法，与对方建立和谐的关系，总比一直对立来得要好。

以下几种应对批评的方式，你更习惯用哪一种呢？

第一种：“不是那么回事，这其实是因为……”

第二种：“这里确实有点问题，是我没注意，不过你说的也不全对……”

第三种：“您说得对，我马上就改，包您满意……”

第四种：“感谢您指出的问题及提出的意见，现在进度更快了……”

这四种回应方式，给人的感觉是完全不一样的。我们来一一解析，然后说明为什么第四种更好。

面对批评……

直接反驳　　疯狂找补　　毫无主见

第一种回应方式，简单来说就是嘴硬。人人都有自尊心，不愿意被人看轻。被人批评，意味着能力、成果被人否定，有时候不经过脑子几句嘴硬的话就说出来了。

用这样的回应方式，显然是直接与对方形成对立。你有自尊心，对方也有。直截了当地否认批评，意味着你觉得对方的能力不足，做事的方法有问题。那么，一场争辩在所难免。

第二种回应方式，看似既承认了错误，又保全了自尊。但站在对方的角度来看，就不是这么回事了。认错就认错，非要找补一句，显得很不诚恳。指出对方不完全正确，又意味着不肯承认在这件事情上对方比自己高明。这种应对方式，并不好。

第三种回应方式，全盘接受批评，承认错误，完全照顾了对方的情绪。但是，自己呢？没有进行思考，只知道接受他人的想法，很容易降低自己在他人心里的评价，只是混了个好人缘。

第四种回应方式相对合适一些，将对方的批评变成锦上添花的指导，既不会丢掉自己的面子，还肯定了对方的能力。既接受了对方的批评，也没有贬低自己，这种方式显然是面对批评时更好的回应。

面对问询：机智应对，巧妙回答

提出问题，回答问题，是交流过程中不可或缺的环节。很多事情都是在一问一答中敲定的，很多疑惑都是在一问一答中解开的。友好的问答交流可以节省很多时间，可惜的是，并非所有的问题都能得到一个好的答案。总有些问题是我们不方便回答的，面对有些人的明知故问，有些话我们也是不好说出口的。

在某地业余围棋的圈子里，蒋鑫（化名）可谓是常胜将军，他的实力明显要高出其他选手一大截。

最开始大家还对他很尊敬，但时间久了，每次活动都是蒋鑫获胜，就有人觉得无聊了。的确，每次活动都像陷入循环一样，有什么意思？大家纷纷抱着看热闹的心态，等着看蒋鑫什么时候会输，会输给谁。

让大家意外的是，最后战胜蒋鑫的并不是那些总是棋差一招的强有力竞争者，而是一个多年以来都没什么进步，水平很一般的老棋友老唐。活动当天所有观赛者都觉得不可思议，其中还有几个幸灾乐祸的人把蒋鑫团团围住，用一本卷起来的书当作麦克风送到蒋鑫嘴边问他："采访一下我们的常胜将军，请问你今天为什么会输给老唐？输给老唐是怎样的感受？"

这个问题看似普通，实则刁钻，主要是老唐的身份有点尴尬。如果蒋鑫找出些诸如“状态不好”“心情太差”“昨晚闹肚子”之类的客观理由，难免会让人觉得他输不起。如果承认技不如人，能击败老唐的人多了，他岂不是要间接输给这些人？更让人为难的是要他描述有什么感受，不管怎么回答，都很容易被人解读为他看不起老唐。

蒋鑫望向窗外，灵机一动，回答说：“你们看窗外，院子那么大，也难免会有树叶落在院子外面，不是吗？你们看到这种情况有什么感受？”

几人面面相觑，回答说：“没什么感受。”

蒋鑫点点头说：“我跟你们一样，没什么感受。”

面对令人尴尬的问题，借用其他客观事物来回答是最好的策略。客观事物不具备主观情感，即便被人曲解，只要不是自己口中回答出的，还有解释的空间。除此之外，将问题巧妙地抛给对方同样是一个有效的办法，对方不会污损自己的名誉，只要跟对方保持一致，对方的问题就算是回答过了。

面对拒绝：调整心态，千万别钻牛角尖

在生活中，我们会有拒绝他人的时候，也会有被人拒绝的时候。高情商地拒绝他人，是给人留台阶，可以让对方不那么尴尬和难过。可惜，我们以温柔待人，却并不是任何时候都能被温柔以待。因此，当我们遭遇了拒绝，要学会自己调整心态，千万不能钻牛角尖。

或许有人会说："凭什么一直要注意、要付出的是我而不是对方？"那是因为不钻牛角尖虽然不一定有好处，但钻牛角尖却很有可能带来坏处，我们要懂得趋利避害。

赵维（化名）和陈斌（化名）是同事，也是好友。工作之余，两人都很喜欢打篮球，还有几个经常一起打球的朋友。这天，赵维遇到了点儿麻烦，他心心念念的几款电子产品终于要上市了，可是他却将手头的资金全都拿去理财了。现在取出来的话赚的可就少了，少赚就是亏，于是他打算向陈斌借两万元钱周转。

这个周末，赵维又和陈斌以及几个朋友一起打球。休息时，赵维对陈斌说："我这两天手头有点紧，借两万元周转一下行不行？"

陈斌头也没抬就回答他说："你手头紧，我手头也不宽裕啊，两万元我实在拿不出。"

赵维有些错愕，他知道陈斌刚刚拿了一笔奖金，加上陈斌平日里生活俭朴，怎么可能连两万元都拿不出呢？于是他又说："一万五也行，过几天我理财到期了就还你。"

陈斌再次拒绝说："一万五也没有，我手里就五千元。这个月我紧张点儿，可以借你三千元。"

赵维马上就不乐意了，这哪够啊。亏自己平日里还把陈斌当朋友，没想到他居然这么小气。于是，什么“不讲义气”“不够朋友”“缺少信任”之类的话说了一堆，两人吵得不可开交。剩下的几个人见两人吵起来了，就都悄悄地离开了。

等到人走得差不多了，陈斌对赵维说：“你是不是有什么毛病，说不借你就不能缓缓？今天球队里还有人跟我借钱，我刚说了没有，你又跟我借。你自己说，我能直接说借你吗？你觉得我小气是吧，我还就真不借了。”

赵维听完就傻眼了，他哪知道还有这么回事，赶紧给陈斌道歉，说了无数的好话，陈斌才消气，并答应借钱给他。

每一次拒绝背后都有其原因，越是步步紧逼，越容易让对方产生逆反心理。因此，当你被拒绝时，要及时调整心态，寻找新的办法，而不是在城墙最坚固的地方反复猛凿。

面对尴尬：巧妙转圜，得体应对

在职场中，尴尬是不可避免的。它可能是上司的一句无心之言，让你当场不知所措；也可能是客户的一个刁钻问题，让你进退维谷。面对这些情况，真正考验的不是你的专业能力，而是你在瞬间化解难题、维护关系的智慧。

今天，我们就来聊聊几个与上司和客户相处时会遇到的情境，看看如何用幽默和高情商来化解尴尬，赢得他人的认可。

庆功宴上上司让你先动筷：低调的荣耀，得体的回应

庆功宴上，上司让你先动筷，别以为这只是一个简单的举动，背后隐藏着很多微妙的情感因素。很多人会觉得，这个机会不能错过，于是直接就拿起公筷，夹菜到自己的盘子里，摆出一副“不客气”的模样。但如果你真想展现出高情商，最好不要急着吃。可以

用这种方式来回应：

“感谢领导的栽培，感谢同事们的支持。”然后，第一筷子给上司，第二筷子给同组的伙伴们，最后再夹给自己。你还可以补充一句：“地方太大，照顾不周，还请大家海涵。”这种做法既表达了对上司的尊重，又展示了自己的团队精神，更让自己看起来谦虚又有风度。

倒酒时不小心把酒杯碰倒：巧妙化解尴尬

酒局中为上司倒酒再正常不过，但要是将酒杯碰倒，那就有点尴尬了。场面会变得难堪，上司会不高兴，其他人的目光也都会聚集在你的身上，看你如何化解尴尬。

你可以笑着说："领导，您看，最近什么都向您倒，酒向您倒，财也向您倒，今天特意为您倒了酒，祝领导万事如意，财源滚滚！"这么一说，不仅化解了尴尬，还巧妙地通过"倒酒"这个动作，展示了你对上司的敬意和自己的幽默感。更妙的是，还可以接着来句："碰一杯吉祥如意，撒一杯前程似锦，喝一杯领导您步步高升，到时候别忘了提携我啊。"上司一听，既觉得你很有情商，又能考虑给你个机会。

客户问"谁能喝"时：既不踩自己，也不踩对方

在饭局上，和客户或者同事讨论"谁能喝"时，往往会陷入一个两难的境地。假设客户问你："你说，我和你们李总谁能喝？"如

果你回答“领导能喝”，别人会觉得你在奉承上司，也让客户感觉到被轻视；但如果你说“客户能喝”，那就是在贬低己方，显得有点“不争气”。

正确的高情商回答是：“其实，我和李总参加过不少饭局，但您是我见过的第一个和他喝到最后的！您真是厉害，我敬您一杯，祝您公司业绩暴涨！”这种回应方式，不仅没有直接比较双方的酒量，还通过赞美客户，巧妙地让他感觉被尊重，同时也保持了对上司的尊敬。你没有损害任何一方的面子，做到了圆滑应对，实属高情商之举。

化解尴尬，靠的不是单纯的“嘴皮子功夫”，而是你在细节中的用心与真诚。通过合适的方式回应他人，既能让你在人际交往中给人留下好印象，还能提高自己的情商，让你在职场和生活中都能游刃有余。

第三章

和合力：职场拓荒，拼的就是高情商

面对上司的夸奖，谦虚也要有技巧

在职场中，夸奖是一种稀缺资源。可是，很多人在面对上司的夸奖时，往往表现得情商不够高。不仅没有恰当地接受夸奖，反而显得过于谦虚，把场面闹得很尴尬。那么，在面对上司的夸奖时，到底应该怎么做，才能既展现自己的谦虚，又巧妙地接受夸赞呢？

别否定自己的付出，令领导顺带捧自己一把

在受到领导的表扬时，有的人可能会觉得有点不好意思，或者习惯性地谦虚一下，于是便下意识地回应："哎呀，不辛苦不辛苦，这没什么啦。"

这句话看似谦虚，实际上是在间接否定自己的付出。

真正的高情商回答应该是："领导，这都是我分内的事，正所谓'强将手下无弱兵'，我怎么能拖您的后腿呢？"

这样回答，既没有否定自己的努力，又巧妙地夸赞了领导，从而达到了双方都高兴的效果。

不抢功劳，但也没必要把功劳都“推”出去

有的人在面对领导的夸奖时，为了不抢功，常常会谦虚地表示：“没有没有，都靠大家帮忙，都是团队的功劳！”

这个回答虽然很谦虚，但也难免会让领导怀疑，你是不是真没半点儿功劳。

高情商回答应该是：“谢谢领导夸奖，能做得好，离不开团队的支持。正是因为我们有优秀的团队，才能把这个项目做好！”

这样回答既不会“推卸”功劳，也能体现出你谦虚的态度，而且表扬团队，实际上也是在展示你在团队中的价值。

谦虚可以，但千万不要妄自菲薄

当领导夸赞你个人工作能力强时，如果你下意识地说：“哎呀，领导您太抬举我了，我其实做得还不够好，差距还大着呢。”

这种回答看似谦虚，实则给人一种不自信的感觉，甚至让领导怀疑你是否真的有能力。

高情商回答应该是：“谢谢领导的夸奖，我会继续努力，不辜负领导的期望。能有这样的成绩，离不开您的指导和支持。”

这种回答既不自夸，又不妄自菲薄，恰到好处地展现了自己的自信与谦逊，同时也表达了你对领导的感激之情，显得成熟稳重。

记住，谦虚是一种美德，但谦虚也是需要技巧和策略的。真正高情商的谦虚绝不是一味地低头、自我否定，而是在合适的时机，适当地肯定自己，在谦虚的同时，不动声色地接受夸奖。谦虚有技巧，懂得巧妙回应，才能让你在职场上更得人心。

被领导批评，在回应中体现分寸

面对领导的批评，很多人最常见的反应便是“急忙辩解”。

领导这边话还没说完，有的人就已经开始给自己辩解：“领导，您说得对，这个问题我确实没有处理好，但您看，其实我的团队资源不够，我忙得不可开交，所以……”

这种反应看似合情合理，但实际上会给人一种“没错，是我没做好，但我有一大堆借口”的感觉。要知道，领导批评你并不是为了听你解释原因，而是希望你能够站出来，负起责任，解决问题。

另一种常见的反应就是“过度自责”。领导刚一批评，有的人就陷入了自我否定：“对不起，领导，我错了，是我不行，我做得不够好，我以后一定改正……”

这种反应看似是在自我反思，但过度自责就成了软弱的表现。领导需要的不是你一味地自责，而是希望你能够面对问题，且有能力去解决它。表现得过于自责，只会让人觉得你缺乏应有的自信和能力。

那么，正确的回应方式是什么呢？

保持冷静，积极回应

比如，当领导批评你的方案不行时，你可以这样回应："谢谢领导的反馈，我也意识到了这个方案的不足之处，接下来我会重新调整逻辑框架，并确保在下次汇报前与相关部门进行充分沟通。"

这样的回应方式，不仅展示了你是努力过的，也给了领导一个信号——你不仅能接受批评，而且能从中吸取教训并迅速展开行动。

态度坚定，拿捏分寸

面对领导的批评，很多人容易陷入的另一个误区是“过度担心影响关系”，于是不断小心翼翼地回应和解释，生怕得罪领导。但其实，过度的恭维或自责不会带来任何积极的影响，反而可能让领导对你的能力产生更多的怀疑。

你可以表示“会改进”，但不要表现得像是对自己的能力完全否定一样。最好的回应，是让领导看到你拥有应对问题的智慧与信心，同时又能体现出你的成熟和责任感。

职场就像一场马拉松，不可能总是一帆风顺，路上难免遇到几个“坎儿”，偶尔被领导批评也不是灾难，而是机会。在面对领导批评时，不要急于辩解，也不要陷入自我否定。真正高情商的回应，不是为自己辩解或自责，而是通过一种成熟稳重的态度，接受领导的批评，并从中获得成长的机会。

会议发言，言简意赅才是制胜法宝

你是否有过这样的经历：在会议上，明明准备了充分的资料和详细的发言稿，却发现自己话越说越多，逻辑越说越乱。原本想给领导留下个好印象，结果不仅没能打动人，反而成了同事们的催眠剂。

对于会议发言，很多人都有一个大误区，以为自己说得越多、越长、越详细，越能彰显自己的能力和深度。于是，话题从 A 点跳到 B 点，再从 B 点拐到 C 点，最终不知不觉地走到了 Z 点。

会议不是话剧，也不是让你演讲的舞台，长篇大论只会堆砌无关紧要的问题，反而让人忽略你真正想表达的核心内容。

比如，一个项目进展汇报，关键是要让大家明白进度如何，是否能按时完成，遇到了哪些问题，有什么解决方案。至于那些可有可无的背景介绍或重复的步骤，根本就没必要拿出来说。

因此，会议发言，关键是抓住三个核心要点，并用最精练的语言表达。这不仅能确保你的发言不拖泥带水，还能让听众在最短的时间内明白你要传达的核心信息。

举个例子，当你在汇报一个项目的进度时，简洁的三点总结可能是：

1. 项目目前的进度是 70%，预计能够按时完成。

2. 目前的瓶颈是技术团队的资源不足。

3. 通过引入外部合作方解决这个问题，确保进度不受影响。

就这么简单明了，突出重点，让听众能在短短几分钟内掌握核心内容，也不会感到疲惫。

需要注意的是，很多人的发言往往都会在结尾遭遇“滑铁卢”——前面的话还说得漂漂亮亮，可后面却草草收尾，或者缺少总结。这样一来，就不会给听众留下什么深刻的印象。

所以，你的发言一定要有一个有力的结尾，不仅要总结重点，还可以再抛出一个思考性的问题，让大家对你的话有更深的印象。例如:“那么，接下来我们要重点关注的是如何打破资源瓶颈，确保项目能按时交付。我们是否可以从外部引入更多的资源，这将是我下一步重点探讨的问题。”

这时候，领导和同事们心里都会想:“嗯，这个人有想法，后续值得关注。”

幽默侃一侃，拉近与同事的距离

在办公室里，不一定非得是“工作狂人”才能获得大家的认同，也不必每天开口闭口都是术语才显得专业。有时候，一句幽默的话，往往就能拉近与同事之间的距离。而且，幽默得当，还能让你在职场中变得更受欢迎，更有影响力。

举个例子，假如你的同事正在向你诉说一个看起来“压倒一切”的难题，而你却突然插科打诨说：“这个问题，我看要跟老板报个喜了，毕竟解决了这个问题，咱们公司的技术水平就离上市不远了。”

大家也许会笑出声来，气氛顿时轻松不少，但这种幽默并不意味着你在偷懒或不重视同事的努力，这只是用轻松的方式来缓解压力，帮助大家更好地进入解决问题的状态。

再举个例子，某位同事做错了什么事情，大家在讨论的时候，没人喜欢听到冷冷的一句“你怎么这么不小心”，或者“你这么做不行”。这种严厉的批评往往让人无法接受，甚至引发抵触心理。但是，如果你轻轻松松地说一句：“你是不是偷学我的‘工作技巧’了？平时都是我出错，这回倒是让你抢先了。”

然后，接着说：“不过，咱们可以把这次经验总结一下，避免下次再犯。”这样的幽默方式，既不会让人觉得被打击，还能让对方感到自己并没有完全失去面子，反而有了重新审视问题的余地。

幽默，是职场中不可或缺的社交工具，它不仅能让你在复杂的人际关系中游刃有余，还能为你的工作注入轻松的气氛。

幽默是一种艺术，需要时机，需要分寸，也需要尊重。用幽默拉近与同事之间的距离，既能让大家在工作中更加亲近，又能增添一些乐趣，让工作不再是负担，而是一段愉快的旅程。

所以，下一次，在会议上、在同事聚会上，你不妨幽默一把，轻松一笑，说不定你会发现，原本死气沉沉的办公室，变成了一个充满活力、笑声不断的地方。而你，也将成为那个“幽默之星”。

哪些话可以防止你吃哑巴亏

职场不只是打拼的地方，更是一个“语言博弈”的战场。你若不精通语言的艺术，吃亏就是家常便饭。可当自己被领导和同事推来推去、被误解时，你该如何应对，才能不吃哑巴亏？妥善运用以下几个公式，就能帮你渡过难关。

公式一：不推卸责任 + 不背锅 + 点出关键责任人

领导在大领导面前随便丢给你一个“锅”，说“这件事你负责”，你心里瞬间就涌上来无数个“我冤枉啊”的念头。

嘴笨的你可能会条件反射般地说：“这是领导让我做的！”可问题来了，有的大领导才不管你是不是冤枉，结果你就成了那个“背锅”的人。

你可以这样说："确实是我的问题，我高估了自己的能力，这件事还要靠领导来掌舵。"

这样的应对，既没有推卸责任，又能让大领导明白究竟是谁该为此事负责。错误可以认，但"黑锅"可不能乱背。

公式二：不直接反驳 + 无限拖延 + 绑定直属领导

某个同事一会儿忙这个，一会儿忙那个，把自己的活儿直接甩给你。你明明有一堆工作等着做，咋办？直接拒绝？那显然不太行。你也不想让同事觉得你是个"死脑筋"。

你可以这样说："可以啊，但我最近在忙一个项目，你不着急的话，等下周。我去问问黄总，看看是不是能先做你的事儿。"

这种说话方式的妙处在于，你既没有拒绝同事，又巧妙地将“责任”推给了上级领导，避免了尴尬，同时还展现了自己工作的紧张和对任务的专注。

公式三：硬话软说 + 解释清楚是他人责任

当有同事在领导面前抱怨你“不配合工作”时，如果你直接反驳说“你根本没给我东西呀”，不仅显得幼稚，还会让领导对你有成见，有损他对你的印象。你可以这样说：“这次我也有责任，没主动问你什么时候需要，以后有需求要提前告诉我一下，以免造成误会。”

这句话看似谦虚，实则巧妙地把责任推给了对方，同时为自己树立了负责任的形象。你承认了自己的一部分失误，却让对方不得不承担更多的责任，杜绝独自“背锅”的可能。

无论是面对领导的责难，还是同事的不配合，职场中的高情商往往体现在语言的巧妙运用上。我们要学会不硬碰硬、不推卸责任，同时也不盲目“背锅”。巧妙的话语不仅能化解冲突，还能让你在职场中站稳脚跟。记住，职场如战场，但战斗的方式并非只有刀枪剑戟，更多时候，靠的是高情商的沟通技巧。

与客户沟通，20% 的提问，80% 的倾听

在职场中，特别是在与客户沟通时，我们经常会犯一个大错：过于自信地以为自己是“话语的主导者”，以为自己说得多、提问多就能占据主动。然而，真正的沟通高手深知，沟通的秘诀其实不在“讲”，而在“听”。

那么，要如何把握好提问与倾听的“度”，以及如何抓住占比更重的“听”呢？

客户不满意，别急着辩解，先听听看

假设在一个项目的进展汇报会上，客户皱着眉头说：“你们的工作进度怎么这么慢？我们本来是希望能尽快看到成果的。”

这时，很多人会急忙辩解：“哎呀，这个进度受到了很多不可控因素的影响……”结果呢？不但没解释清楚，还可能激起客户的不

满。此时，你可以这样回答：“张总，我听出来您对进度有些担忧。能不能告诉我具体是哪些方面让您不太放心？我们可以一起看看怎么调整。”

话，永远得让客户先说。

冷静地倾听客户的担忧，给予他们足够的空间去表达情绪，比你急着去辩解、解释原因有效得多。你会发现，大多数时候，客户实际上只是想要表达自己的不满和焦虑。给他们一个倾诉的机会，问题往往就能迎刃而解。

了解客户，提问才是打开话匣子的钥匙

我们都知道，成功的销售不仅仅是“卖产品”，更重要的是“卖

方案”和“卖服务”。而要做到这一点，前提是必须要深刻理解客户的需求。那我们该如何找到客户的痛点呢？靠的是提问。

然而，不是所有问题都能打开客户的心扉。如果你问得太生硬或者不够精准，客户很容易感到被推销，甚至产生防备心理。所以，提问的方式就显得尤为重要。

听懂不如听透，细节决定成败

很多时候，客户不会直白地表达他们的需求或者不满，而是通过一些细节来传递信息。如果我们总是急着表达自己的观点，就可能错过这些细节，从而无法抓住客户的真实需求。

听不懂不要紧，不懂装懂才可怕

你可能遇到过这样一种情景：客户提出一个你并不完全了解的问题，而你为了显得自己“很专业”或者“懂行”，硬是给了个模棱两可的答案。结果，客户的表情逐渐严肃，甚至直接翻脸。说错话，背锅的人肯定是你。

不懂装懂，比不懂更可怕。

记住，沟通的黄金法则是：20% 的提问，80% 的倾听。这并不是说你不该说话，而是说，你要懂得通过“倾听”来引导对话，用“提问”打开客户的心扉，最终让你说的每一句话都更有力量。

交际应酬，点菜也讲究人情世故

在中国，饭局是一种比较常见的社交场合，很多事情都是在饭桌上谈成的。而饭局的第一步，就是点菜。

可别小看这个环节，点菜点得好不好，直接暴露了你的情商。这种时候，你点的可不仅是菜，更是人情、面子和规则。

那么，怎样做才能既不失礼，又能精准把握饭局的“分寸感”，让领导满意呢？

“问鱼”——掌控饭局密码

领导让你点菜，你却不知道如何选择菜品时，不妨先来一招“问鱼”。“问鱼”是什么呢？就是在进入点菜环节时，你可以笑着问一句：“领导，今天您想吃什么鱼啊？”

这一问听起来很随意，实际上暗藏玄机。在中国的饭局上，鱼几乎是最贵的菜品之一，且具有浓厚的“尊贵感”。通过让领导点鱼，你能从中获得两条重要信息：

领导的预算有多高？

他想为这顿饭设定怎样的消费上限？

比如，领导点了一条 100 元的鱼，那接下来，你就可以根据这个标准来做决定。

如果你打算点贵一点的菜，那么你可以选择 100 元的 60%，也就是大约 60 元的菜；如果想点便宜一些的，那就按 20%，大概 20 元的菜；如果想走中庸路线，那就照着 50% 来。

如此，你就能在不触碰领导“底线”的情况下，完成这一餐的点菜任务。

“看着点”——读懂饭局潜台词

当领导说：“大家随便点，吃得开心就好，我先来点个菜。”此时，你可得理解这句话的背后含义——领导说的“随便”，并非真的让你随便，而是一个巧妙的“标杆”信号：他会先选一个贵的菜，之后，你就可以根据这个标准来选。记住，饭局上的“看着点”是一门学问。

领导点菜的目的是让你“照着点”，即他先选贵的菜，接着你就可以按照比例点中等价位或便宜的菜，做到既不过于“奢侈”，也不让大家吃得太廉价。

如果你偏偏要选一道比领导点的还贵的菜，那你可就犯了社交“大忌”。领导所说的“看着点”，实际上是给了你一个“表态的空间”，你要明白，这背后的含蓄意思就是：我点的菜代表了一个标准，接下来的菜价，请按这个标准来。

中国式饭局的成功，往往不是靠明说，而是靠理解和默契。就如饭局上点菜，实际上是在点人情、在点关系、在点智慧。中国人讲究的是含蓄和默契，而非直接的表述。所以，当你下次遇到类似的场合时，不妨用这些技巧来默契应对，既不失礼，又能恰到好处地展现自己的社交智慧。

记住，在中国的饭局里，点的并不只是菜，而是你与他人之间的关系，是你对于人情世故的精准把握。

第四章

贯通力：价值社交，拿捏分寸很重要

关系再好，说话也不要让情绪主导

在亲密关系中，我们常常以为彼此了解得足够深，便可以肆无忌惮地表达自己的不满，觉得这份“关系的基础”足以支撑我们放任情绪。

然而，真的是这样吗？其实，情绪化的沟通，尤其是面对我们最亲近的人，往往很容易将矛盾放大，把本来不大的问题变成不可弥补的裂痕。

冰冻三尺，非一日之寒，从冲突显露到关系破裂，也并非毫无征兆。一般来说，会分成几步走。而其中的每一步，都不是无可挽回的。

第一步：“我才不管你呢”——情绪化的决裂信号

想象一下，你和朋友或伴侣因为一件小事发生争执。你明明只是想提出一个小小的意见，结果却被对方误解，双方愈加火大。于是，你气得说："我才不管你呢。"然后气冲冲地转身离开。

听起来很酷，对吧？你仿佛凭借这句话就把所有的不快甩得远远的，但实际上，这样的"决裂式"语言，往往埋下了误会和隔阂的种子。你以为你的退出能给自己留个台阶下，但实际上却成了对方情绪化反应的导火索。

高情商的回应并不是让你立马压下情绪，而是学会换个角度说话。比如："我现在有点激动，咱们先冷静一下，稍后再聊。"这不仅保护了你的情绪，还避免让对方感到被攻击，给关系留下缓和的余地。

第二步："你怎么这么不懂事"——情绪化的指责，伤感情不划算

有些话说得真是"心有余而力不足"，有时候明明只是个小问题，但一不小心，你就会把对方的想法引向"你到底懂不懂我"这种情绪化的方向。比如，朋友迟到了，你可能会不耐烦地说："你怎么这么不懂事？"这样说话看似直白，实则把责任全部推给了对方，忽视了对对方的理解。

这种情绪化的指责，往往会导致矛盾升级，而不是解决问题。你不妨换一种表达方式："你迟到了，我有点不高兴，能告诉我原因吗？"用"我"开头，表达自己的感受，而不是一味地指责对方。这样说，不仅能让你更理智，也能让对方感受到你在意的是彼此间的关系，而不是一味地发泄情绪。

第三步："随便你怎么想"——情绪化的放弃

情绪化有时候也表现在言辞的冷漠上。当你和某人沟通不畅，开始失去耐心时，可能会说："随便你怎么想，我懒得说了。"这句话是许多人最喜欢用的"结束语"，仿佛这样就能让对方闭嘴，但实际上，它往往是关系的"死亡宣告"。

这句话的背后，隐藏的是放弃沟通的信号，显得既不在乎对方的感受，也不愿意继续解决问题。而且，这种冷淡的态度，对方可能会感到被无视，甚至被伤害。所以，如果真到了忍无可忍的地步，倒不如冷静一下再开口：“我有点累了，咱们休息一下，待会儿再继续沟通。”这样的表达不仅保留了对彼此的尊重，也为双方争取了重新理智对话的机会。

记住，和对方关系再好，说话时也不要让情绪主导。高情商的沟通不仅能避免不必要的伤害，还能让人际关系更加和谐，让我们在亲密关系中始终保持理智与温度。

幽默有温度，玩笑才不伤感情

幽默是一把双刃剑，用得好能化解尴尬，拉近关系；用得不好，却可能伤人心。特别是在与朋友、同事或领导的互动中，玩笑中带着温度，才不至于让对方觉得被冒犯，甚至反感。接下来就来聊一聊，如何在幽默中融入温度，让玩笑成为社交的润滑剂，而不是让气氛变得尴尬的“定时炸弹”。

当对方问你：“你觉得我胖了吗？”

低情商的人说：“还行吧，不胖。”

高情商的人说：“你不胖，你这是美丽在膨胀！”或者说：“你不胖，刚好填满我的小心脏。”

当别人跟你说：“你今天穿的衣服好漂亮！”

低情商的人只会说：“还行吧。”

高情商的人会说：“谢谢你，因为今天要见你，所以穿得好看一些。”

当别人跟你说：“我先忙去了。”

低情商的人会说：“就你事多。”

高情商的人会说：“去吧，暂且放你一马。”

当别人夸你酒量好。

低情商的人会说：“我酒量不好。”

高情商的人会说：“我真的不能喝。主要是跟你喝心情好，酒量就不一样。”

当别人说你有点矮时。

低情商的人说："我矮关你什么事？"

高情商的人说："没办法，都是被颜值给压的。"

当有人嘲讽你"买不起就别看时"，你该怎么回呢？

高情商的人说："不敢让你挣钱，怕你不舍得花。"

幽默的魅力在于它能够让人笑中带温，笑中带真。那些没有温度的玩笑，只会让气氛变得冷冰冰的；而有温度的幽默，却能拉近人与人之间的距离，让彼此的关系更融洽。懂得用幽默化解尴尬，你就能在社交场合中游刃有余，成为那个让人觉得轻松愉快的人。

所以，幽默有温度，玩笑才不伤感情。你是不是也已经迫不及待想用这些技巧，让自己在下次聚会中成为那个“轻松又有魅力”的人了呢？

社交互夸，掌握恰到好处的回应技巧

商业互夸是现代人一种常见的互动方式，毕竟无伤大雅地互相夸一夸，有利于抬高双方在社交场合中的地位，无须“自吹自擂”就能让在场的其他人知道自己的优点，何乐而不为呢？

但是，“商业互夸”就如同两个相声演员站在舞台上表演，仅有一个人妙语连珠是不够的。对方夸你的话，你要接得住。如果接不住，反而让两个人都尴尬，也会让在场的其他人怀疑你们“互夸”的真实性。

以下是几种常见的“互夸”窍门，你不需要和对方有多大的默契，只要学会了回应方式，“互夸”就不会那么尴尬了。

夸气质，回“你眼光好”

夸衣品，在场的每个人的审美未必一致。夸外表，可能显得有些肤浅。那么，在不了解对方的情况下，夸气质显然是一张安全牌。

我们会夸并不熟悉的人“有气质”，他人也会用“有气质”来夸我们。那么，当被夸“有气质”时，你该如何回应呢？

“还是你眼光好，这点气质与你的眼光相比不值一提。”

这样回应不仅承认了自己的优点，还巧妙地回夸了对方的眼光。这类反夸的技巧既能够显示自己的涵养，又让对方感到自己的欣赏得到了回应。气氛自然也会变得更加轻松友好。

夸才华，回“彼此彼此，你不仅有才，还很低调”

才华这东西看不见、摸不着，是一种主观认定。更何况人人都有一些与众不同、引以为傲的天赋。称赞对方有才华总不会出错，这与头脑无关，与成就无关，与外貌也无关。

当别人夸赞我们有才华的时候，回答“彼此彼此，你不仅有才，还很低调”是很有效的社交辞令。不仅认可了对方的夸奖，还将赞美巧妙地回赠给了对方。低调是一种美德，这种反夸让人觉得你不仅有才，还懂得欣赏他人，既显得亲和，又能提升你的魅力。

夸眼光，回“不然怎能交到你这样的朋友”

夸某人眼光好也是一种常见的社交辞令，除非刻意找碴儿，不然没人会在社交场合中否认这一点。当被人夸奖眼光好的时候，我们不仅要欣然接受，还要顺势抬高对方。

“那当然了，不然怎么能交到像你这么优秀的朋友呢？”

这种回应既接受了对方的夸奖，又通过夸奖对方的“优秀”来拉近关系。通过幽默和适时的反夸，既展示了自信，也让对方觉得自己得到了认可。

社交中的夸奖往往是拉近关系的催化剂，而如何回应这些夸奖，决定了你在人际交往中的魅力指数。幽默、谦逊，再加上巧妙的反夸，不仅能让你赢得他人的喜爱，还能让你在众人面前脱颖而出。通过学会恰到好处的回应技巧，你会发现，社交的“游戏”变得更加轻松愉快，而你，已经成为其中的高手。

巧妙化解家庭聚会中的尴尬话题

家庭聚会逐渐成为年轻人最恐惧的社交场合，他们恐惧的主要是来自亲朋好友的“关心”。虽然这些亲朋好友只是为了找个不冷场的话题，但高情商的回复能让自己不那么尴尬，同时能维护好聚会的和谐氛围。

“你什么时候结婚？”

还没有结婚的年轻人最怕听到的就是这句话，这不仅涉及个人隐私，还难以找到一个“丝滑”的应对方式。面对这个问题，与其尴尬地解释或强硬地反驳，倒不如通过称赞将话题转移到对方身上。

“婚姻可是人生大事，您的婚姻那么幸福甜蜜，害得我也想要拥有差不多的。可惜，缘分总是不到，总是找不到像您的伴侣那样好的。”

这样一来，你既没有直接拒绝，让气氛“冷场”，还恰到好处地夸了一下对方的幸福婚姻。给对方留了面子的同时，巧妙避开了敏感话题，既能维护自己的面子，也不会伤了亲戚的心。

“你怎么瘦了 / 胖了？”

随着年龄的增长和生活状况的变化，身材出现变化再正常不过。实际上，除非情况特别极端，谁又真正在乎你的变化呢？无非是找个话题聊聊而已。如果回答不够妥当，对方再围绕你的身材对你的健康和生活方式等进行一番讨论总是难免的。

“是啊，最近工作忙，有些疏忽了。不过多亏了大家的照顾，我还是保持了一点‘家族传统’的体型。”

这种幽默风趣的回答既化解了尴尬，还让对方觉得你心态好，懂得接纳自己，也能轻松带过这个话题。

“你什么时候能升职加薪？”

有些家庭聚会上，亲戚们的话题不再局限于结婚，开始关心你的事业。这一问就有点过于“近乎”。回得太过轻巧，好像你在吹牛一样；回得太过谦虚，又会让人觉得你能力不够。你可以这样说：“升职加薪靠能力和运气就能做到，我真正在乎的不是这些，而是有你们这些关爱我的人。不管是能力还是运气，都没办法帮我得到关爱，你们才是我人生当中最有价值的。”

这样的回答不仅巧妙回避了问题，还给予了对方夸奖和肯定，转移了话题，让氛围更温馨融洽。

家庭聚会中的尴尬话题，往往来源于过度的关心与好奇。如何巧妙地化解这些敏感话题，关键在于幽默、智慧和情商的平衡。你不必完全回避，也不必完全坦诚，只需在回应中加入一些幽默、轻松的元素，既能让对方感受到你的善意，也能保护自己的隐私，避免不必要的冲突。

想要接话不冷场，学好这几招

在社交场合，每个人都有自己的角色。有些人总是能八面玲珑，跟他们谈话如沐春风。而有些人堪称是“冷场王”，只要他们一开口，所有人就都默不作声了。问题究竟出在哪里呢？

公司忙完了一个项目，大家都有几天的假期。假期结束以后，大家再回到公司，难免会谈起这几天假期是如何度过的。

一位同事正在谈论自己假期出国旅游的事情："原本只有几天的时间，就想在家里好好待着。没想到，老同学说要结婚，还非要在夏威夷办婚礼。我能怎么办？抓紧时间去一趟呗。光听人说夏威夷的风景好，这一去还真挺意外的。我之前就没见过那么漂亮的海，那么漂亮的沙滩……"

话说到这里，刚进来没一会儿的陈凯（化名）突然插话说："夏威夷是度假胜地，景致自然是一般的海边比不了的。我上次去巴厘岛，那海，那沙滩，绝对不比夏威夷差。在巴厘岛的时候……"

就在陈凯滔滔不绝的时候，大多数同事都悄悄离开了，只有几个和他关系较好的同事还硬着头皮在听。等他说完以后，那几个同事也忙不迭地找个借口离开了。好好的聊天氛围，被他毁了个干净。那么，陈凯究竟犯了哪些错误呢？

错误主要有两个，一个是用自己想说的事情取代了回应对方，另一个是话题跳跃得太大。

交流不是个人的秀场，在表达自己的想法之前，要尊重他人。一味地展示、炫耀、分享自己的想法，并不能让你获得他人的喜爱，只能让你变成冷场大王。

话题跳跃得太大同样会让谈话冷场。在场那么多人，只有你一个人有事情要分享吗？大家都没有插话，默契地维持着社交礼仪，等别人说完后，再就此话题分享自己的看法或相关经历。你突然转移了话题，别人想要分享的东西也就不能说出口了。没有话说，自然就会冷场。

不要犯这两个错误，再尝试加入幽默的语言，当一个不时发问，能让话题继续下去的“好奇宝宝”，最后再给予这个话题一些夸奖和赞美，相信你必然能从社交场合的“话题终结者”，变成一个好的聊天对象。

冲突面前，利用温和的语气达成共识

每个人都曾经历过冲突，可能是与同事的意见不合，可能是与家人产生了矛盾，抑或是朋友间的小摩擦。冲突本身并不可怕，关键在于我们如何面对和处理。

很多时候，我们并不需要在冲突中以“硬碰硬”的方式去争辩，而应该学会利用柔和的语言和语气与对方达成共识。当你发现冲突在即，准备说点“硬话”的时候，不妨停下来，试试以下几个办法。

使用肯定的语言，而非“否定”

对方的观点可能有问题，有时候可能是不切实际的，但在对方的认知当中可不是这样的。因此，如果你在表达自己的观点的时候，否定了对方的观点，难免会引发对方的不快。

而高情商的人是这样回应的：“我觉得你的思路很好，尤其是你提到的……部分，让我想到了……”

先肯定对方的优点，然后再提出自己的不同意见，这种方式既能让对方感到被尊重，又能避免摩擦，达成有效沟通。

语气柔和，表达坚定

在冲突中，语气是否柔和决定了沟通的成败。如果你能够在表达自己的观点时，使用温和的语气，即使立场坚定，也不会显得咄咄逼人。

高情商的人是这样回应的：“我理解你的担忧，不过我认为我们可以这样做……你觉得怎么样？”

语气柔和而坚定，既能表达你的立场，又能给予对方讨论的空间，从而建立起平等和谐的沟通氛围。

避免站在对立面，转向“我们”

当我们面对冲突时，往往容易站在“我”或“你”一方，而忽视了“我们”之间可以达成共识。在谈判或讨论中，强调“我们一起合作”的态度，能够让双方站在同一战线上。尤其是在家庭聚会或在职场讨论中，避免与他人站在对立面，转而强调共同目标，能有效地化解冲突。

高情商的人是这样回应的：“我知道我们有不同的看法，但我们都有一个共同的目标，就是找到最好的解决方案。”

这种语气能有效地拉近双方的关系，达成共识的可能性会大大提高。

冲突不是敌人，不当的沟通方式才是。善用平和的语气，你会发现，很多问题都能在和谐的氛围中迎刃而解。

第五章

化解力：谈笑风生中，将不友好消于无形

提问太刁钻？用反问打破僵局

生活中，总有那么一些时刻，你被问到的不是“今天吃了什么”或者“最近忙什么”这些一般的问题，而是那些刁钻又让你进退两难的问题。别人好像是想让你陷入困境，你怎么回答都觉得有点不对劲。面对这些让人抓狂的提问，最聪明的方式是什么？反问！反问能打破僵局，轻松化解尴尬，还能让你从容应对，让提问者陷入沉默。

“我和你妈同时掉进水里了，你先救谁？”

这类经典的刁钻提问，简直让人“无从下口”。先救谁，都会伤了另外一方的感情。与其绞尽脑汁地寻找一个折中的回答，不如要求对方提供补充条件。通过思维的转换，问题的框架也会被打破，到时候，问题的重心就变了，也就不再难以回答了。

“你怎么看待自己的相貌？”

如果你被问到“你觉得自己好看吗？”这类问题，答“好看”好像太自恋，答“不好看”又显得很自卑。那该如何回应才不至于伤到自己的面子，又不显得尴尬呢？最妙的办法就是用反问来化解：“如果我是你，你觉得我好看吗？”这种回答看似简单，却巧妙地将话题转移到了提问者身上，避免了被评价的尴尬。

“你上次为什么没来？”

有时别人会问你“你上次怎么没来？”这类问题，你不去的理由可能难以说出口，或者你根本没有什么理由，只是不想去。那么如何回应才不会让场面变得尴尬？你可以反问：“上次大家都去了吗？我错过了什么好玩的事？”这样就能让话题更加自然地转移，避免陷入解释困境。

刁钻的问题，难不倒机智的你。掌握反问的技巧，既能让你巧妙化解尴尬，又能展现你的幽默感和应变能力。生活中的提问总是层出不穷，而你只需要转变思维、巧妙应对，就能轻松逆袭，成为“社交高手”。下次遇到让你尴尬的问题时，记得用反问来化解。

自嘲与调侃，赢得尊重的双刃剑

谁都有缺点，谁都有落入低谷的时候。一味地遮掩，假装自己没有问题，反而显得输不起，缺乏面对真实的自己的勇气。适度的自嘲与调侃，既能证明自己有面对缺点的勇气，又能表明自己的心态是积极乐观的。因此，这是一种很容易赢得他人尊重的表达方式。

事物都是有两面性的，自嘲与调侃在使用得当的情况下，是你的社交助力。但在使用不当的情况下，则可能会适得其反。在使用自嘲与调侃这两柄“利器”的时候，有一些问题需要多加注意。

自嘲：可以有，但不可过度

自嘲，最简单的定义就是用自己的缺点或者不足来逗乐，自己先笑一笑，让别人不好意思再开口。它的好处是显而易见的——你不会给别人留下“太过自负”或者“过于严肃”的印象，也能让别人觉得你很有亲和力。

当然，过度自嘲不可取。你不能每次都对着镜子说：“哎呀，真是丑死了，怎么就没有天使的面孔呢？”过度的自贬不仅显得不自信，反而会让人觉得你是在做“过分讨好”式的自我谦虚，甚至让周围的人感到无聊。自嘲应当是“幽默”的，而不是一场自我攻击的“戏码”。你要知道，真正聪明的人，懂得在自嘲和自信之间找到平衡点。

调侃：能笑自己，能笑别人，但要有分寸

调侃与自嘲不同，调侃是你用轻松的语气去调侃他人或者自己，但并不涉及过分贬低。在合适的时候调侃别人，既能拉近距离，又能显得你幽默风趣，但这种方式非常考验分寸感。比如，有个朋友很爱健身，体型十分健硕，你可以开玩笑说：“你这身材是钢铁侠附

体吗？怕不是住在健身房了吧！”这种轻松的调侃，不仅不会让对方觉得不舒服，反而能让大家一起笑。

但如果你过分调侃某人，尤其是在其敏感点上，那你可能会掉进“伤人不自知”的坑里。比如，调侃别人的外貌时，可能会无意中触碰到对方的痛处。你说：“哇，你这眼袋是不是打了个深海潜水的标志啊？”虽然你觉得是在开玩笑，但对方可能会觉得这是对自己外貌的侮辱，气氛瞬间变得尴尬。所以，调侃的艺术在于掌握分寸——既让别人笑，又能不让任何人丢面子。

保持自尊，幽默才有价值

自嘲和调侃的“核心价值”在于，它们让你看起来不是一味地讨好别人，而是在尊重自己和他人之间找到平衡。调侃别人，能让你显得有趣，能活跃气氛，但如果过度，就会让你失去立场，甚至会让别人觉得你并不尊重他。如果你自己先低三下四地调侃自己，别人也很难把你视为平等的交流对象。

自嘲和调侃要适度，尊重自己和他人永远是底线。只有建立在真诚和理解的基础上，自嘲和调侃才会为你带来持久的魅力和尊重。

处理“不友善”言语的反转术

说者无意，听者有心。每个想要建立良好社交关系的人，都应该注意不要让自己的话“带刺”。我们不愿意用不友善的话语刺伤他人，同时也要学会保护自己，免受不友善的言语的伤害。

你身边或许就有人总是无心说出“带刺”的话，若你直接跟对方表达不满，为了一句话似乎不值得。自己默默忍着？又像是拿刀尖对着心。学点巧妙的应对方式，才能昂首挺胸又不失风度。

小白是个喜欢记录生活的女孩，每天的吃吃喝喝、日常活动，都会通过照片、视频记录下来，发到社交媒体上。这天，小白在咖啡店里拍了一张和咖啡的合照，结果被店员冷嘲热讽：“一杯咖啡拍半天，还真是没见过世面。”

小白正要发火，想着这家店以后再也不来了。但随后，她巧妙地进行了还击：“拍照是我的日常，端咖啡是你的生活。”

这句话不仅巧妙地反转了局面，还将对方从指责的高位拉了下来。

可可天生喜静，闲暇时间就喜欢在家读书、听音乐、看电影。入职一家新公司以后，同事们常常约她周末一起唱歌、爬山。可可不喜欢，每次都委婉地拒绝了。一次，在她再次拒绝后，她的同事陈娟（化名）忍不住抱怨说："你真是个宅女。"

可可不是第一次被这样评价，因此早有腹稿，她回答说："宅是因为我在家里才有时间培养自己的兴趣，你不觉得那样的生活很有趣吗？"

通过这种反问的方式，不仅让对方思考自己的话是否过于武断，还用一种正面的态度回应了所谓的对“宅”的评价，无形中反转了话题的导向。把“宅”这个标签转化成了一种对生活方式的选择，既不伤人，又捍卫了自己的选择。

陈松（化名）为人低调、安静，相比在众人面前出风头，他更喜欢观察别人的行为。每次活动他都愿意参加，但每次都躲在角落。别人的所作所为在他眼中比活动有趣多了。一次，在 KTV 里，一位同事坐到他旁边说：“你怎么这么低调，简直像个透明人。”

陈松的回答巧妙地化解了同事话语中的讽刺：“哦？你这是夸我谦虚，还是觉得我应该更张扬些？”

通过这种反问，他不仅避开了直接的对抗，还巧妙地让对方意识到自己言语中的某些不妥之处。

面对不友善的言语时，最聪明的应对方式莫过于反问。通过反问，不仅能瓦解对方的攻击，还能用幽默与智慧为自己赢得一席之地。下次再遇到类似情况时，不妨运用这些“反问术”，你会发现，自己变得更机智、更有魅力了。

不想回答，那就用幽默回应

如果想要认真地回答问题，那么就需要冷静的头脑和稳定的情绪。但是，人总会有烦躁或者懒得思考的时候。在这种情况下，用幽默回应，也未尝不是一种高招。

接下来，我们就来聊聊如何用机智和幽默巧妙回应那些我们不想回答的问题。

给个模糊答案，既不隐瞒也不暴露

有些问题看似简单，实则不然。愿意明确地回答这个问题，已经算是给出了态度，表明你愿意和对方建立基本的社交关系。但如果你不愿意呢？直接拒绝又显得太不近人情。比如一个典型的问题："你多大了？"

你想回答得恰到好处，又不想透露真实年龄，那就用幽默的方法回应：“我已经成年了，还不到 100 岁。”这样既回答了问题，又保护了自己的隐私，还能让对方忍俊不禁。

幽默自嘲，巧妙转移焦点

有些问题背后隐藏着提问者的其他用意，如果你在未确认对方的意图之前贸然回答，很容易让自己陷入被动。例如，有人问你：“你会喝酒吗？”

回答“会”的话，对方可能会顺势提出要跟你去喝酒，那你还需要另找理由拒绝。如果你的理由不充分，对方可能会一直追问，让你陷入尴尬的境地。但要是回答“不会”呢？可能对方只是想要举办个活动，统计一下信息。此时的一句谎话，就需要长期小心地遮掩了。

“我比较擅长倒酒。”这样回答既避免了在情况不明时正面回应，又不失幽默风趣。

说别人的话，让别人无话可说

许久不联系的朋友突然发来微信：“在吗？”此时你会做何感想？他是不是来借钱的？万一他想说的是别的事，我假装没看到信息是不是不太好？但要真是来借钱的，我不想借给他，应该怎么说？

其实，这个问题的答案很简单：“只要不是向我借钱，我一直都在。”

你的回答并不强硬，却让对方无形中感受到了你的警觉，这样既保护了自己，又不至于让气氛僵硬。

面对那些不想回答的问题，最聪明的办法就是用幽默回应。人生就是如此，学会用幽默来应对，才是面对生活最聪明的态度。

高情商回击，幽默又不失棱角

不是社交场合里的所有人都要与之搞好关系，有些人想要通过贬低他人来抬高自己，通过将别人踩在脚底下，满足自己的优越感，树立在他人面前的威信。面对这种人，既要能犀利回击，又不能让双方太难堪，失去风度。利用高情商，幽默地回击才是正确的办法。

面对直接攻击，进行螺旋反击

“你怎么这么丑？”当你听到诸如此类失礼的话时，对方绝不是跟你开玩笑，而是在讽刺你。对方想要贬低你来抬高自己，那你就要再转一层，站到他的上面去。

“你说得对，我就是不好看，但看到你，我就变得更自信了。”我是丑，但显然在这一方面你更胜一筹。虽然我站的地方够低，但你还要更低。总而言之，要让对方不能达到目的。

面对意有所指，学会答非所问

“你怎么总是一个人来？”这样的话看似在陈述客观情况，实际上是略带轻蔑地贬低你的社交能力。面对这种情况，做解释是在浪费口舌，很容易落入自证陷阱。

“我怕半个人来吓到你！”采用这样的回答，完美地避开了对方意有所指的暗示，还展现出了自己的幽默与风度。对方如果硬要逼你做回应，反而会暴露其目的，让旁人看出他不怀好意。

面对不合理的质疑，给他闭嘴的暗示

“你怎么这么能吃？”听到这种话，对方可能是在故意找碴儿，或者是在用低情商的方式寻找话题。你做了什么，想要做什么，在不影响他人，不破坏秩序的情况下，他人没有权力干涉。

“你请客吗？我还能再吃点儿。”提出反问，看对方如何接招。如果他说愿意请客，那就意味着他并没有恶意，只是情商低，也愿意做出补偿。如果他不愿意，就只能闭口不言。因为这个反问背后的含义是“又没吃你东西，不请客就别管那么多”。

高情商回击人，在于通过巧妙的转折和幽默的回应，避免冲突，化解尴尬，但也不能不露锋芒，一味退让。要记住，反驳他人不一定要冷酷和直接，但适当展现棱角，能够更有效地传递你的态度和情绪。

规避社交尴尬的万能句式

社交场合总是充满了“尴尬时刻”，你看着某人微笑着点头，心里却暗自嘀咕：“我该说点什么？他到底是认真的，还是在说客套话？”别担心，这里有一套“规避尴尬大法”，关键在于掌握一些“万能句式”，要是运用得当，简直能在社交场合中游刃有余，轻松应对各种微妙局面。

“你说得对，我也这么觉得！”

这句话看似平凡，却有着巨大的魔力。想象一下，当别人给你讲了一堆他的见解，结果你发现自己根本没听懂，或者根本不认同时，直接表达反对意见，难免让场面显得尴尬——毕竟，社交的本质是和谐，不是辩论。此时，只要你来上一句：“你说得对，我也这么觉得！”就可以化解可能的冲突和不悦。然后再适当补充：“你这么说让我想到一个事情，真是眼界大开！”如此一来，你既能巧妙避免正面冲突，又能给对方留有足够的面子。

“那真是太巧了！”

这句话可以在各种场合中使用，尤其是当你发现自己和别人有共同话题或者兴趣时。当对方突然说：“我最近迷上了跑步。”如果你也是跑步爱好者，这时候你可以大方地回应：“那真是太巧了！我最近也开始跑步了，感觉每次跑步完都特别有成就感！”这种“巧合式”回应，既能建立亲近感，又能带动话题的发展，同时避免了冷场和尴尬。

“我最近也在想这个问题！”

当别人给出一个观点或建议，尤其是当你对某个话题没有深入思考时，这句“我最近也在想这个问题！”简直是社交中的一剂良药。你既不会因为自己的无知而感到尴尬，也能巧妙地融入对方的思路，表示你和他们有相似的思考方式，从而拉近彼此间的距离。

比方说，当某位朋友提到某个最新的商业趋势或热点新闻，而你根本没有听说过时，不要慌张，直接回应：“我最近也在想这个问题！这真的是个很有意思的方向。”然后，顺势问对方的看法，再对其表示赞同。这样一来，可以避免让自己显得“跟不上潮流”。即使你完全没有思考过这个问题，也可以通过这种方式让对方感觉到你在积极参与讨论。

“这就好啦！”

有时候，社交场合中的尴尬并不来自于言语本身，而是因为局面太过沉默或者不知如何结束。你可以通过这句“这就好啦”迅速结束一段尴尬的对话。比如，别人问你：“你吃得怎么样了？”如果你吃得不多或者不想继续谈论时，可以直接回：“这就好啦，不用担心。”这种简洁而温暖的回答，既避免了让话题继续下去的困扰，还能让对方感受到你的轻松与不拘谨。

此外，喝酒的场合也很适用这种句式。比如某人说：“再来一杯吧。”你可以微笑着说：“这就好啦，谢谢，大家一起开心就好。”通过这句话，你巧妙地化解了继续喝酒的压力，也让气氛保持轻松愉快。

记住，无论别人问得有多“刁钻”，只需用得体的语言巧妙应对，就能让自己显得智慧又不失风度。通过这些简单的句式，你既能展现自己的高情商，又能让别人感受到你对社交场合的掌控力——这，才是真正的社交高手所具备的魅力。

第六章

应对力：让拒绝有段位，不得罪人也别吃亏

话题一转，化解直接拒绝的尴尬

我们每天都在社交场合中游走，如何巧妙地说“不”，成了每个人都在学习的“必修课”。特别是在一些敏感话题上，直接拒绝往往让人觉得不近人情，甚至一不小心就会伤了感情。于是，我们便需要一些“高情商”秘籍，在不伤和气的同时，巧妙地转移话题，化解拒绝带来的尴尬。今天，我们就来探讨如何“话题一转”，在拒绝别人的同时，还能保持温暖与体面。

“我不太擅长”，让拒绝变得温和

有时，直接拒绝显得过于生硬，尤其是当有人请你帮忙做一些事情时。比如，“你能帮我整理一下文件吗？”你可以用一种更温和的方式来拒绝：“我最近手头也有点忙，整理文件我不太擅长，可能帮不上忙。”这种说法既表达了你不愿意做这件事的立场，又没有让对方感觉到被冷落或者不被尊重。

接下来，你可以转移话题：“不过，刚才你提到的那个项目，我倒是有一些想法，咱们可以一起探讨一下。”这样既拒绝了对方的请求，又将谈话转移到了一个更轻松的话题上，避免了拒绝带来的尴尬。

否定前提：用反问转移焦点

在很多社交场合中，有些提问本身就充满了强烈的主观色彩，例如，“你这件衣服不太合适吧？”或者“你怎么不去健身呢？”这种问题带有一定的批评，直接回答可能会让自己陷入被动的局面。此时，可以巧妙地反问对方，将话题的焦点转移到对方的立场或动机上。

比如面对“你怎么不去健身？”这个问题，你可以微笑着反问：“我去健身？你是让我变成肌肉男吗？还是觉得我不够结实？”这种反问不仅巧妙地回避了问题，也把话题引导到了幽默和自嘲的方向，让对方不至于感觉到被冒犯。

适时表达关心，转移焦点

有时候，别人提出的请求可能并不是真正的问题所在。对方可能并不需要你帮忙，而只是希望得到关心和注意。比如，朋友可能会对你说：“最近我压力很大，你能帮我一下吗？”这时候，你可以通过关心对方的方式来回应：“我知道你最近很辛苦，如果有需要我帮助的地方，可以跟我说说看。”这样一来，虽然你没有直接答应帮忙，但你转移了对方的焦点，给予了关心，让他感到被重视。

然后，你可以继续通过对话引导话题："你最近有什么项目特别需要支持的吗？如果有的话，我很乐意提供一些建议。"这种方式把关注点从"帮忙"转移到了"关心"，避免了直接拒绝带来的冷漠感。

在高情商的拒绝中，最重要的是，我们要记住：拒绝并不等于冷漠，而是对自己边界的守护和对自己感受的尊重。通过巧妙地转移话题，我们不仅避免了直接冲突，还能让自己在拒绝中保持从容不迫的态度。

把“我不想”，换成“我不能”

我们生活在一个高度要求效率和自我表达的社会中。很多时候，我们不得不面对一些无法避免的请求或者压力，尤其是在社交场合中。拒绝别人，尤其是对方期望很高时，往往会让人感到尴尬。

其实，有一个神奇的转化公式——把“我不想”换成“我不能”，就可以把拒绝变得更加优雅且不失尊严。让我们来深入探讨一下，这一公式是如何在不同场合中巧妙应用的。

从“不想”到“不能”，拒绝更有理由

直接说“我不想”听起来可能有些随意，或者显得你不够重视对方的请求，但换成“我不能”，立刻就会显得你有一种外部的、不可抗力的理由，而不是个人的情绪问题。

举个例子，当你朋友问你“要不要一起去爬山？”你如果说“我

不想去，今天有点懒”，可能会让对方觉得你不够热情，从而产生些许疏远感。但是如果你说“今天有点累，身体状况不太适合爬山，改天再约吧”不但有了合理的理由，听起来也更得体，不会让对方觉得你是故意推托。

不想和不能：拒绝的高情商转换术

有时候，我们并不是不想帮忙，而是觉得做某事可能会影响到自己。比如，已经下班了，领导却问你：“能不能辛苦加个班，把资料赶出来？”你如果直接说“我不想加班”，必然会给领导留下不好的印象。这种时候，换个说法，效果会更好，比如你可以告诉对方：“最近几天一直加班，实在有点精力不济，恐怕容易出错，不能再继续了。”

这种巧妙的转化不仅不会让拒绝显得太生硬，反而能展现出你对自己生活节奏和工作负荷的合理掌控，让对方理解并尊重你的决定。

“我不能”让沟通更具有温度

有时候，“我不能”不仅是对对方请求的拒绝，更是情感的保护屏障。当你的朋友突然请求你帮忙看孩子，你并不想帮忙，但又不知道怎么开口时，你可以说：“我今天有些工作要处理，不能帮忙带孩子。”这种说法让拒绝听起来更自然，因为它表明了你有自己的安排，并非不愿意帮忙。

通过这样回答，你的拒绝不仅没有让对方感到受伤，反而让你和对方之间的关系更加平衡。“我不能”的表达，让人觉得你的拒绝并非出于对他们的回避，而是出于尊重和自我生活的合理安排。

“我不能”代替“我不想”并非只是语言上的简单转换，而是一种高情商的情感表达的体现。通过这种转化，我们不仅能够巧妙地拒绝不愿意做的事情，同时也能避免伤害他人的感情。更重要的是，“我不能”不仅给予了自己必要的空间，也向对方传递了一个信息——我们理解他们的需求，同时也有自己的边界。

巧用“补偿式拒绝”，将伤害降到最低

拒绝总是会让人心情不快，有些拒绝的技巧是为了保护我们自己，而有些技巧则是为了让对方不那么受伤。“补偿式拒绝”，就是一种能把对对方的伤害降到最低的方式。

所谓“补偿式拒绝”，就是在拒绝对方请求的同时，巧妙地通过补充、替代或提供其他选择，减轻对方可能产生的失落感。简单来说，就是你拒绝了某件事，但给对方一个替代方案，或是以另一种方式来表达关心和支持。让我们来看看，这一招是如何在实际生活中运用的。

体贴的拒绝：不给空白

有时，拒绝不仅仅是因为对方的请求不可行，也有可能是主观意愿上的“不想”或“不愿”。你可能不想与某人一起做某件事，但直接回答“我不去”可能让对方觉得受伤。因此，这时进行“补偿式拒绝”就显得尤为重要。

例如，当朋友邀请你参加聚会，而你当天已经有了安排，直接说“我不去”似乎不太好。你可以这样回应：“那天我有其他安排，不能参加聚会了，不过你们去的话，记得发些照片，让我也感受一下你们的欢乐气氛。”这样不仅避免了直白的拒绝，同时也表示了你对聚会的支持和关心，让对方感到你并不是不喜欢他们，只是因为某些原因不能参加。

“抱歉，我不能”后面跟个“但我可以”

在生活中，我们并不是拒绝对方就完事了，往往要考虑到人际关系的维护。因此，我们更多的时候需要进行“补偿式拒绝”，而补偿式拒绝的关键就在于你能为对方提供替代方案。

比如，当别人问你能不能借点钱给他时，你并不愿意借。直接拒绝会让对方有些难堪，你可以试着这样回应：“我最近确实有些紧张，不能借钱给你，不过我可以帮你想想有没有其他渠道，或者一起找找其他的解决方案。”这样，你虽然拒绝了借钱的请求，但给对方提供了一个可行性建议。这种拒绝不仅显得温和，而且展现了你愿意为他提供帮助的心意。

装作无奈，但带点小幽默

有时候，“补偿式拒绝”不仅仅是态度上要温和，还要通过幽默的语言让拒绝更具包容性和轻松感。

当别人说“你能不能再帮我一个小忙”时，而你其实已经帮了很多了，这时你可以笑着说：“哎呀，今天可不能再加‘负担’了，不然我都快成你的助手了。不过，放心，你需要时我一直在！”这种轻松幽默的拒绝方式，能让对方既明白你的态度，又不至于感到被抛弃，反而可能因为你幽默的回答而笑一笑，气氛也瞬间轻松了不少。

总的来说，“补偿式拒绝”不仅仅是语言上的技巧，更是一种情感的表达。这种拒绝方式的精髓就在于，它不仅可以让你巧妙地拒绝不想做的事，还能让对方感受到你对他的在乎和理解。而这一点，恰恰是人与人的互动中最重要的一点。

委婉暗示，让对方主动收回请求

俗话说：“听话听音。”睿智的人在别人说了前半句时就已经知道后半句了，所以能够快速想出合适的话来应答。委婉暗示是一种高情商的拒绝技巧，能让对方在不知不觉中主动收回请求，而你也能做到“得体”与“温柔”并存。

“暂时不行”式：让时间帮你解决问题

如果你面对的是关于时间的请求，比如“有空能不能帮我买个东西”或者“能不能今天陪我去一趟”，而你正好有其他安排，这时你可以用“暂时不行”来委婉回应。比如：“今天不太方便，我今天有些事要做，可能抽不出时间。我可以改天陪你去。”给对方一个模糊的回应，对方就知道你并不打算马上帮助他，从而打消让你帮忙的念头。

这种“暂时不行”式的暗示，既能拒绝对方，又能让对方知道，你并不是绝情，而是出于自己的合理安排没有办法满足他的请求。“暂时不行”“以后再说”确实是一种不强硬又能轻松回绝对方的说辞，且往往不会让对方对自己产生太多的反感。

“需要考虑”式：制造不确定性

有时，面对某个让你难以立刻拒绝的请求，最好的办法就是制造一种“不确定性”，让对方感觉到你需要时间来考虑。比如，当有人请求你帮忙做个大项目，而你并不想参与时，你可以这样说：“这个感觉有点复杂，我需要好好想想再决定。”你既没有立刻答应，也没有直接拒绝，更多的是让对方明白，事情并不像他们想的那样简单，你需要进行思考和权衡。

这种回应方式给了自己缓冲的时间，也给对方留有一种“可能性”。但实际上，经过一段时间后，你可能会通过其他方式暗示他并不会参与，且没有任何冲突。

“我也很想”式：调动对方的同理心

有时候拒绝也可以通过表达一种“想帮助但无法”的情感来化解尴尬。比如，有人向你提出帮忙做某事的请求，而你确实很忙，但又不想伤害对方，你可以这样说：“我也很想帮你，但现在真的有点忙，实在分身乏术。”这种说法表达了你并非不愿意帮忙，而是因为自身状况的局限性导致无法满足他的请求。

这种“我也很想”式的暗示不仅能表现你的善意，还能唤起对方的同理心。毕竟谁都有忙不过来的时候，在这种情况下，拒绝反而显得更温情和体贴。

“委婉暗示”这招，并不是什么新鲜的技巧，但它却是我们在日常生活中，尤其是在不想直接拒绝某个请求时的绝佳利器。它能帮助我们在避免伤害他人感情的同时，也能维护自己的边界。通过巧妙的语言，我们能够在不伤害他人自尊的前提下，轻松地回绝他们的请求。最重要的是，通过这些委婉的暗示，我们不仅展现了自己的智慧，还体现了对他人情感的尊重与理解。

第七章

怡情力：提升沟通质量的『小心机』

细节中的情商密码：让赞美更有分量

俗话说："一句赞美三冬暖。"但暖不暖还得看你怎么夸。赞美谁都爱听，可要是敷衍得像背台词，不仅起不到作用，还容易"翻车"。真正高情商的人，夸人从不走形式。他们用细节打动人心，把赞美说得有分量、有温度，甚至能在人心里埋下美好的社交种子。接下来，我们就来聊聊，如何用细节让你的赞美更走心，更有分量。

夸得具体，才是真赞美

泛泛而谈的夸奖，听起来像是流水线上的产品，毫无诚意可言。"你真好看""你太厉害了"，这种赞美就像一杯白开水，平淡无奇。而高情商的赞美一定是具体的、有画面感的。

比如，你想夸一个朋友漂亮，千万别只说"你真好看"，不妨加一点细节："你的眼睛特别有神，感觉会说话，看着特别灵动。"这样的赞美不仅具体，还能让对方感受到你是真的在用心观察她。

再比如，同事完成了一个复杂的项目，你别只说“你真厉害”，试试这样说：“你刚才在会议上讲的那部分内容逻辑特别清晰，尤其是那幅数据对比图，瞬间让客户明白了我们的优势。”这样说不仅表达了你的欣赏，还让对方感受到你认真倾听和理解的态度。

赞美要真诚，不要浮夸

赞美的另一大忌讳就是浮夸。比如，有人穿了一件普通的衬衫，你上来就说：“天哪，你这身搭配简直像时尚大片！”这么夸，不仅让人觉得你不真诚，还可能会让对方怀疑你是故意取笑他。

真正的赞美，是把对方的闪光点用恰当的语言表达出来。比如，当朋友换了一件新衣服，你可以说："这个颜色特别衬你的气质，看起来特别精神。"一句简单的夸奖，不用加太多溢美之词，但足够走心。

赞美也要看时机，别乱表达好感

赞美是个好东西，但要是用错了地方，也可能适得其反。比如，在一个竞争激烈的场合，过于频繁地夸奖某个人，可能会让其他人觉得你"偏心"。或者在一个严肃的会议上，你突然插一句对某人的夸奖，也可能让人觉得不合时宜。

高情商的赞美，一定是基于合适的场合和时机的。比如，在轻松的聚会中，你可以随意一些，但在正式的场合中，你的赞美最好能更专业和精准一些。

赞美不是为了讨好，而是为了传递善意和温暖。当你学会用心去夸奖别人时，你会发现，人与人之间的距离，会因为简单的一句话而拉近许多。

善用肢体语言，彰显恰到好处的贴心

心理学研究表明，人的情绪和态度只有 7% 是通过语言传达的，其余 93% 靠语调和肢体语言。如果你能掌握适当的肢体语言，不仅能让沟通更顺畅，还能让你的贴心恰到好处，让人不知不觉就对你心生好感。

肢体语言看似简单，但若是运用不当，很容易演变成“社交灾难”。接下来，我们就来聊聊，如何用肢体语言在生活和职场中既自然又得体地展示你的贴心。

眼神交流：不要像“显微镜”一样盯着别人看

眼神是肢体语言的灵魂。与人交流时，适度的眼神接触能传递出关注与尊重，但盯得太久，就会让对方感到压力；而如果目光飘忽不定，则会显得你敷衍或者心虚。

比如，和同事讨论工作时，你可以保持约70%的时间注视对方的眼睛，余下30%可以轻轻扫过桌面或者其他位置，给对方一些“呼吸感”。尤其是面对领导时，适当的眼神交流能表达你的专注，但千万别像在做“面试演讲”，盯得太久会让领导误以为你在挑战他的权威。

手势运用：恰到好处是关键

手势是肢体语言中非常重要的一部分，但使用它需要谨慎。手势过多，会显得浮夸；手势过少，又显得呆板。关键在于将其把控得恰到好处。

比如，在汇报工作中，用手势来强调重点内容是很加分的。但千万别把双手挥舞得像跳街舞一样。适度的手势不仅能增强表达力，还能让你的发言更有感染力。

轻触的魔力：谨慎使用，有效拉近关系

肢体语言中，轻触是一个非常微妙的技巧。用得好，它能拉近你和对方的关系；用得不好，就会变成越界。因此，轻触技巧需要在合适的场合和关系内使用，且要拿捏好分寸。

比如，当同事因为项目压力而沮丧时，你可以轻轻拍一下他的肩膀，加上一句："别担心，还有我呢。"这种适度的肢体接触，能传递你的安慰和支持。但切记，不要用力，也不要持续太久，避免让对方感到不适。

避免消极的肢体语言

除了主动的肢体语言，你还需要注意避免一些消极的动作，比如交叉双臂、频繁看表、双手插兜等。这些动作会让人觉得你不耐烦、冷漠，甚至抱有敌意。

尤其是在正式场合，比如面试或者谈判中，避免负面的肢体语言尤为重要。试着放松肩膀、手自然地放在桌上，这种开放的姿态会让人觉得你值得信任。

再提醒一句，贴心并不是用力过猛，而是让对方感到舒服而不越界。在肢体语言这门艺术里，最重要的不是“做多少”，而是“做对”。

控制语速语调，塑造可靠形象

在人际交往中，你的语速和语调就是一张“社交名片”。你可能没意识到，自己说话的节奏、音量和语气，早已在不经意间决定了别人对你的第一印象。语速太快，像背台词，让人怀疑你是在推销；语调太高，宛如吵架，容易让人心生抗拒；语气太平淡，又像机器人读稿，毫无感染力。下面我们就来聊聊如何通过控制语速和语调，给人留下既靠谱又亲切的好印象。

语速适中，让人“跟得上”你的思路

语速快，不是一个绝对的优缺点，但它容易让人觉得你焦虑、紧张，甚至不自信。尤其是在讨论重要问题或传递复杂信息时，过快的语速可能让人“脑袋跟不上”，信息也难以准确地传递。

比如，领导问你：“这次项目的进展如何？”如果你自顾自地说：“领导，项目进展得很好，A 阶段完成了，B 阶段已经开始了，预算基本控制在范围内……”领导听到第三句话时可能就已经“神游”了。

语调有层次，不做“平铺直叙的机器人”

语调单一会让人昏昏欲睡。你可以观察一下那些优秀的演讲者，他们说话时的语调从来不是平平直直，而是有起伏、有节奏，能恰如其分地调动听众的情绪。

比如，当你需要介绍一个项目亮点时，不要死板地说：“这个项目完成得不错，客户很满意。”可以稍微提高语调，加重语气：“这个项目完成得非常成功，客户不仅满意，还主动提出了后续合作的可能。”用语调的变化来强调重点，会让人觉得你充满热情，也对做的事情有信心。

停顿是为语言“画龙点睛”

很多人在说话时忽略了停顿的重要性，结果让人觉得他们像“机关枪”。适当的停顿不仅能给听众思考的时间，还能凸显你的从容和沉稳。

比如，你在面试中回答一个问题时，千万别连珠炮式地说个没完，而是可以用停顿来分段：“我觉得（停顿 1 秒）这个职位最吸引我的是它的成长空间（停顿 1 秒），同时，我的经验和能力也很适合这份工作。”停顿让你的语言更有节奏感，也会显得更加稳重。

调整语速，配合对方的节奏

与不同类型的人沟通时，通过调整自己的语速和语调来配合对方，是高情商的体现。比如，面对一个语速较快、喜欢直接切入重点的上司，你可以适当加快语速，展示你高效的工作能力和清晰的思路；而面对语速慢、思维偏谨慎的客户，则需要适当放慢语速，给对方留下思考的空间。

真正让对方感到可靠的不在于你说了多少，而在于你的表达是否让人舒服、让人信赖。让语速慢下来，让语调柔和起来，你会发现，人与人之间的沟通，真的可以变得轻松而美好。

甘做“绿叶”，把主场让给对方

在人际交往中，总有些人爱站在“中心位”，生怕自己不够突出，仿佛只有成为聚光灯下的焦点，才能证明自己的价值。然而，真正高情商的人深谙一个道理：关键时刻，当好“绿叶”，成就别人的主场，反而更能体现自己的智慧与格局。

饭局上，给领导台阶，自己不出风头

饭局上，最忌讳喧宾夺主，尤其是当领导在场时。想象一下，当领导举杯说：“这次的项目全靠团队合作，尤其是小张，表现特别突出。”如果你马上接话：“谢谢领导夸奖，这是我应得的。”不仅会让气氛瞬间冷场，还显得你格局小。

高情商的做法是，把领导的关注点引到团队上。你可以举杯微笑着说：“多谢领导和团队的支持，这次能顺利完成，靠的是大家的通力合作，我只是做了分内的事。”这样一来，既保住了领导的面子，又让团队的人对你多了一份好感。

会议中，先让别人发言，自己点到为止

职场会议中，总有些人抢着发言，生怕自己的观点被别人抢先说。结果一顿激情演讲，听得同事一脸茫然，领导皱着眉头心想：“这人到底想说啥？”

高情商的人会先观察全场，给别人先发言的机会，然后适时总结：“前面几位同事的观点都很专业，我觉得可以补充一点。”这样的表述，不仅避免了“抢话”的嫌疑，还显得你善于倾听和整合。领导看在眼里，也会觉得你有大局观。

合作中，把功劳让出去，口碑才能积累起来

职场中最考验情商的时刻，莫过于分功劳的时候。那些急着为自己邀功的人，往往只赢一次；而懂得成全别人的人，才能赢得更多的信任。

比如，在团队协作中，某个方案的成功其实大部分归功于你，但你不急着跳出来邀功，而是对领导说："这次的结果特别好，尤其是小李负责的数据分析，为我们提供了很大的帮助。"这样说不仅让小李感激你，也让领导看到了你的格局。久而久之，大家都会愿意和你合作。

甘做绿叶并非妥协，而是一种高情商的智慧。你用贴心、体谅和大局观为他人赢得光彩的同时，也会在无形中成为那个最可靠、最值得尊敬的存在。毕竟，红花再美，也需要绿叶的陪衬；而最懂得成全别人的“绿叶”，也会在一次次事件的“佐证”下，成为人群中最闪亮的那个人。

不判断对错，只陈述事实

在人际交往中，我们总免不了听到一句耳熟能详的话：“谁对谁错，咱们先讲清楚！”看似公平的开场白，却往往把对话拉向“辩论场”，争吵中火药味渐浓，针尖对麦芒，结局通常是两败俱伤。

真正高情商的人，在面对矛盾或分歧时，从不急于争论对错，而是用事实说话，让对方在冷静中重新审视问题。这种不情绪化的表达方式，不仅能有效化解冲突，还能让双方的沟通重新回到“正轨”上。

判断对错，容易陷入“情绪泥潭”

人在情绪化时，最容易犯的错就是急着评判对错。可问题在于，当对话陷入“谁对谁错”的争论中时，双方都会忍不住为自己辩护，情绪不断激化，矛盾越辩越深。

比如，你提醒同事：“这个文件明明是你漏发的。”对方马上反驳：“怎么可能？我发了，肯定是你没看到！”一句反驳就让你备感委屈：“明明就是你忘了！”

这时，你需要放弃争论对错，直接陈述事实：“昨天的邮件，我在收件箱里没有找到，可能是软件出了问题，我们一起确认一下？”这样的表述既温和又有效，引导对方关注问题本身，而不是陷入情绪对抗。

陈述事实，不是隐忍，而是掌控局面

有人会误以为陈述事实是一种隐忍或逃避，实际上，它是一种更有效的沟通技巧。

你在避免争执的同时，也掌握了对话的主动权。因为只要对方愿意听事实，就有了达成共识的基础。

比如，家人抱怨你："你每天回家都玩手机，一点儿都不关心家里的事。"如果你反驳："我哪有不关心！"只会让对方更加不满。不如陈述事实："昨天我确实在处理工作上的消息，耽误了时间。晚饭后我陪你聊聊吧？"这样既承认了事实，又不失体面，还主动给出了行动计划。

用事实"软化"批评，让对方更易接受

批评是个敏感话题，一旦处理不好，很容易让人心生防备甚至反感。

陈述事实是一种"软化"批评的好办法，让对方感到被尊重的同时，也能接受你指出的问题。

比如，团队成员提交了一份错误频出的报告，你不要直接说："你的工作太敷衍了。"而可以陈述事实："报告中有三处数据和上次会议记录的不一致，可能需要再核对一下。"这种客观的表述，既指出了问题，又不会让对方觉得被指责。

停止“扣帽子”，避免激化矛盾

有些人在争论中喜欢给别人“扣帽子”，比如用“你总是”“你从来”等绝对化的词语，这种说法会让对方感觉被攻击，导致矛盾迅速升级。

比如，朋友迟到了，你不满地说：“你总是迟到！”对方立马反驳：“什么叫总是？我上次不是比你还早吗？”反而把你气得更厉害。

不如直接陈述事实：“你今天迟到了 15 分钟，可能耽误了后面的安排。”这种表达让对方无法反驳，反而可能主动道歉：“不好意思，下次我注意。”

“不判断对错，只陈述事实”不是一种逃避，而是一种智慧。它让你在矛盾中保持冷静，不被情绪牵着走；它让对方感到被尊重，不会因为“输赢之争”而与你针锋相对。